AF453660

CATALOGUE

D'UNE RÉUNION PRÉCIEUSE

DE TABLEAUX,

PAR LES PLUS GRANDS MAITRES

DES ÉCOLES D'ITALIE, DE FRANCE,
DE HOLLANDE ET DE FLANDRE.

LEDIT CATALOGUE RÉDIGÉ
PAR A. PAILLET ET H. DELAROCHE.

La Vente au plus offrant et dernier Enchéris-
seur, et au comptant, s'en fera à Paris les 16,
17 et 18 Janvier 1809 de relevée, *Maison des
Divisions supplémentaires du Mont de Piété,
rue Vivienne, N.º 18.*

L'Exposition publique en sera faite les trois jours qui précé-
deront celui de la Vente, depuis onze heures du matin
jusqu'à trois.

Se distribue en ladite Maison,

Chez A. PAILLET et H. DELAROCHE,
rue Vivienne, N.º 18.

AVERTISSEMENT.

Ce second Catalogue est le complément de l'importante réunion déjà annoncée dans le premier, dont la Vente est fixée au 14 Décembre 1808. Nous ne pouvons que répéter ici ce que nous avons déjà dit aux Amateurs, tant sur la perfection des principaux articles que sur la sincérité de leur attribution ; ce qui sera justifié par l'Exposition publique qui aura lieu, selon l'usage, trois jours avant la Vente, et répétée partiellement, le matin de chaque Vacation.

Les conditions de la Vente sont de payer comptant et en francs.

L'Acquéreur sera tenu de payer en sus du prix de l'adjudication, quatre et demi pour cent de son montant, dont un pour cent pour frais de Catalogue, annonce et exposition, et trois et demi pour cent pour les droits de Vente.

La distribution par numéros de chaque Vacation dans l'ordre où les Tableaux seront vendus, se trouve à la fin du Catalogue.

CATALOGUE

DE

TABLEAUX.

DES TROIS ÉCOLES.

A.

ALLEGRI (Antoine), dit Le Corrége.

N.° 1. *Peint sur bois, haut.* 23, *larg.* 18 *p.*

Le Tableau que nous décrivons est une de
ces productions en Peinture dont le mérite n'a
jamais été contesté, mais dont l'attribution a
partagé l'avis des Connaisseurs, entre *Corrége*
et Parmesan. Il représente Circé assise au fond
d'un antre sauvage, entourée de différentes
Plantes et de Serpens; elle a la main gauche
appuyée sur un Livre, et l'autre portée sur un
Vase rempli d'un breuvage qu'elle vient de composer par le secours de son Art. Absorbée dans

A

les sombres réflexions de la vengeance, elle tourne le visage, et fixe un objet avec attention. Cette Figure, d'une belle carnation, est représentée presque nue, les cuisses simplement couvertes de draperies bleue et verdâtre.

Nous ne chercherons point à entrer dans de plus grands détails sur cet Ouvrage qui porte le cachet d'un grand Maître; il doit nous suffire d'appeler l'attention des Connaisseurs sur ce précieux et rare Tableau de chevalet.

AGABITO (Vuto). Romæ 1732.

2. *Peint sur toile, haut. 50, larg. 36 p.*

Le Sujet de l'Adoration des Bergers, riche composition dans un beau site de Paysage. Au milieu, sur les degrés d'un ancien monument on voit le groupe de la Vierge, Saint Joseph et l'Enfant que sa Mère découvre aux Bergers qui viennent l'adorer en offrant dés présens. Le Peintre a supposé une Etable pittoresque construite avec des branchages d'arbres. Le haut de cette brillante Composition offre une Gloire céleste où le Père éternel est entouré d'Anges et de Chérubins dont plusieurs forment un concert pour célébrer la naissance du Messie. Cet Ouvrage, d'une grande imagination, présente autant de facilité que d'éclat dans le coloris.

B.

BUSCA (ANTOINE).

3. *Peint sur toile, larg. 34, haut. 26 p.*   122

Jésus-Christ à table avec les Pélerins d'Emmaüs. Le Sujet est pris dans le moment de la fraction du Pain ; on voit encore en second plan deux autres Personnages, dont un qui porte un plat. Ces Figures sont de proportion de nature et vues à mi-corps. Morceau exécuté avec beaucoup de sagesse, et offrant autant de variété que de noblesse dans les caractères.

BATTONI (POMPEO).

4. *Peint sur toile, haut. 36, larg. 26 p.*

Portrait d'une belle Femme représentée à mi-corps et de proportion de nature, coiffée

A *

à la grecque et vêtue d'une tunique rouge bordée de martre. Elle s'appuie du bras droit sur un piédestal. Ouvrage gracieux, d'un beau pinceau et digne en tout de la réputation de son Auteur.

BOULLONGNE (Bon).

240 *5. Peint sur cuivre, larg. 25, haut. 19 p.*

Le Peintre a représenté Latone avec ses deux Enfans, Apollon et Diane, dans le moment où fuyant les persécutions de Junon, et arrêtée au bord d'un marais, après avoir demandé de l'eau pour se rafraîchir à des Paysans qui la lui refusèrent, elle obtient de Jupiter qu'ils soient changés en grenouilles. Le Peintre a eu l'adresse de traiter ce Sujet d'une manière neuve, en sauvant l'aspect hideux de la métamorphose. Cette composition est aussi intéressante par le sujet que par sa belle exécution et son excellente couleur.

BILCOCQ.

6.   *Peint sur bois, haut. 8, larg. 6 p.*

Deux petits Sujets d'intérieur. L'un représente une jeune Fille jouant avec une seringue,
et l'autre un jeune Garçon qui s'amuse à faire
des bulles de Savon ; ils sont de la touche soignée et spirituelle de cet Artiste, et enrichis
de divers accessoires qui leur donnent beaucoup
d'intérêt.

BERTIN. 1798.

7.   *Peint sur toile, larg. 60, haut. 41 p.*

Beau site de Paysage, offrant sur la gauche
une partie d'Aqueducs baignés par un Lac. Ils
sont entourés de grands Arbres indiquant l'entrée d'un Bois. La partie opposée présente, dans
un effet de demi-teinte admirable, un Tombeau,
une Colonne et autres Monumens, avec des
Troupeaux répandus sur des Prairies qui se lient
à une chaîne de Montagnes aussi vaporeuse
que riche dans ses détails. L'Artiste a placé
dans ce Tableau diverses Figures convenables
au style et au silence de ce beau lieu, qui

y forment autant d'épisodes intéressantes, dont une retrace le Combat d'un Berger avec un Serpent.

BERTIN. 1797.

8.   *Peint sur toile, larg. 60, haut. 41 p.*

Un autre magnifique Paysage du plus grand style, dont la partie gauche est enrichie des Ruines d'un Temple de la Grèce. A la droite s'élèvent de grands Arbres qui se prolongent jusqu'au milieu de la Composition, et contribuent à faire ressortir de riches Lointains terminés par de hautes Montagnes. Parmi les différentes Figures distribuées sur tous les plans du Sujet, on y distingue des Bergers et des Nymphes qui se disputent le prix de la Course.

9.   **PAR LE MÊME. An 7.**

Mêmes dimensions.

Point de vue composé, offrant les Constructions extérieures d'une Ville au bas de très-hautes Montagnes. Tous les premiers plans présentent des Prairies et de belles Roches couvertes de ronces et de broussailles ; une chaîne d'Aqueducs termine la partie gauche et se détache en clair, ainsi qu'un Bouquet d'arbres, sur un ciel nuageux indiquant un Soleil du matin. Entr'autres Figures on distingue un Berger occupé à cueillir des fruits pour un Enfant, tandis que ses Troupeaux paissent et se reposent dans la prairie.

Ces trois articles de Tableaux sont dignes des plus grands éloges, tant par leur belle exécution, la richesse et la variété des détails, que par le plus grand savoir dans l'observation de la perspective et l'intelligence du clair obscur. C'est à juste titre que M. Bertin soutient la gloire de l'Ecole française, reconnue pour avoir produit de grand Paysagistes.

BEKEN (HANS VAN DER). 1589.

10. *Peint sur toile, larg. 55, haut. 48 p.*

Le Sujet de l'Adoration des Rois, Composition de plus de cent Figures dans différens costumes. Nous croyons que ce Tableau doit fixer l'attention des Curieux qui recherchent les Ouvrages des premiers tems de la peinture.

BREUGHELS (JEAN).

11. *Peint sur bois, larg.* 30, *haut.* 16 *p.*

Le Sujet d'un choc de Cavalerie près d'un Moulin sur une hauteur, dans les Campagnes de la Flandre. On y voit une foule de Guerriers, tant d'infanterie que de cavalerie, la plupart cuirassés et armés de lances, les uns protégeant et les autres attaquant un convoi qu'on distingue sur une grande route. Ce Morceau capital et d'une grande richesse dans tous ses détails, paraît retracer un événement historique du quinzième siècle.

BOSSCHAERT (THOMAS WILLEBORTS).

12. *Peint sur toile, larg.* 52, *haut.* 42 *p.*

Le Sujet de l'Annonciation, Composition de deux Figures représentées à mi-corps dans une proportion naturelle. Morceau d'une exécution large et d'une brillante couleur.

BERGHEM (NICOLAS).

13. *Peint sur toile , larg. 36 , haut. 3o p.*

Ce magnifique Tableau connu sous le titre de l'*Ancien Port de Génes*, par l'Estampe d'A-liamet, offre la vue d'un Port de Mer, où s'élève à la gauche une belle Fontaine, sur les degrés de laquelle on distingue une Dame vêtue d'une robe de soie jaune et d'une jupe de satin; elle parle à un Personnage qui est près d'elle et semble lui faire remarquer trois Hommes placés sur le premier plan du même côté, dont deux habillés en Esclaves ont les fers aux pieds. Dans le milieu du Sujet, une Paysanne assise allaite son Enfant ; plus loin sur la gauche on voit encore un Paysan appuyé sur son âne, ainsi que diverses Figures et quelques Moutons. Une Galère de belle construction occupe en partie le fond du Tableau, et se détache harmonieusement sur un ciel le plus heureusement nuagé. Les seconds plans offrent de riches détails qui contribuent à former un ensemble du l'aspect le plus imposant.

C'est avec raison que ce Tableau jouit de la

plus haute réputation. Il est du nombre de ces chefs-d'œuvre que la Peinture nous a présentés dans différens genres. Il joint à toutes les perfections de l'Art, celle inapréciable d'une conservation parfaite.

BERGHEM (NICOLAS).

14. Peint sur bois, larg. 19, hqut. 13 p.

Point de vue d'un Site montagneux enrichi dans la partie du milieu d'une masse d'Arbres d'un ton vigoureux, indiquant la sortie d'un bois. Le Peintre y a placé un Sujet de Chasse au Cerf. Cet Animal vu dans la demi-teinte, est poursuivi par un Cavalier et une Dame à cheval, précédés et suivis de quelques Valets, Piqueurs et Chiens, qui se détachent de la manière la plus brillante sur le devant du Tableau. Un Ciel frais et brillant contribue à faire ressortir tous les détails de cette intéressante production. On y remarque cette touche facile et spirituelle qui caractérise le meilleur tems de ce grand Peintre.

BACKUISEN (Louis).

15. *Peint sur toile, larg. 45, haut. 34 p.* 280.ᵉ

Point de vue d'une grande étendue de Mer chargée de Barques de Pêcheurs auprès d'une Jetée qui occupe la partie gauche. Du côté opposé se voit un Navire garni de toutes ses voiles. Quelques Figures de Pêcheurs, Hommes, Femmes et Enfans, sont sur le Rivage. Un ciel chaud et brillant indique l'heure du coucher du soleil, par un vent frais qui agite la surface des eaux ; Morceau d'une excellente couleur et très-facilement touché.

BREEMBERG (BARTHOLOMÉ).

16. *Peint sur bois, haut. 20, larg. 16 p.* 206
Cornilion

Un Sujet de la crèche, représenté à l'entrée d'une Ruine pittoresque. Toute la partie droite est occupée par un Groupe de jeunes Bergers à genoux devant Jesus nouveau né, que sa Mère découvre et présente à leur adoration. En opposition de cette partie brillante et d'un riche détail, le Peintre a placé, dans un ton d'une demi-teinte vigoureuse, une belle Femme la tête chargée d'un panier, et arrêtée comme en extase à la vue de cette scène pleine d'intérêt. Une Echappée de vue prise à l'effet du soleil couchant, ajoute encore au piquant de cette excellente production.

BERGEN (DIRRIK VAN).

17. *Peint sur toile, larg.* 18, *haut.* 14 *p.*

Point de vue de Paysage offrant sur le premier plan une Prairie couverte d'Animaux parmi lesquels on remarque un Cheval grisâtre placé entre deux Vaches, dont une se frotte contre une barrière. Les détails de ce Tableau se détachent sur un fond d'Arbres soutenus d'un ton vigoureux.

PAR LE MÊME.

18. *Peint sur toile, larg.* 18, *haut.* 14 *p.*

Un autre Point de vue de Paysage d'un ton clair, pris à l'effet d'une soirée d'été, aussi enrichi de Bestiaux que garde un vieux Pâtre assis et accompagné d'une jeune Fille qui s'appuye sur la base d'un Monument. On distingue parmi les différens Animaux, une belle Vache roussâtre et blanche.

Ces deux Tableaux d'un excellent choix, ont des parties dignes de la précieuse manière d'*Adrien Van den Velde.*

BRAY (SALOMON DE).

19. *Peint sur bois, haut.* 15, *larg.* 12 *p.*

L'Intérieur d'une Etable. Sur le devant à gauche, la Sainte Vierge assise à terre, tient sur elle l'Enfant Jésus emmailloté, tandis que Saint Joseph met de la paille dans son berceau. On y distingue encore le Bœuf et l'Ane, accessoires analogues à ce sujet. Cette excellente production, d'une grande finesse de couleur et touchée avec autant d'esprit que de sentiment, provient de la collection de *Randon de Boisset.*

PAR LE MÊME.

20. *Peint sur toile, haut.* 20, *larg.* 17 *p.*

Le Portrait d'une jeune Demoiselle dans le

riche habillement de l'ancien costume hollandais. Elle est vue de trois-quarts dans le caractère le plus gracieux, coiffée en cheveux attachés par un double rang de perles.

BRAY (SALOMON DE).

21. *Peint sur toile, haut.* 20 *, larg.* 17 *p.*

Autre Portrait d'une jeune Fille aussi richement habillée et représentée de face, les mains croisées sur la poitrine.

Ces deux Morceaux présentent, dans leur carnation, autant de fraîcheur que de vérité.

BERKEIDEN (JOB et GERARD).

22. *Peint sur toile, larg.* 26 *, haut.* 18 *p.*

Une Vue de la grande Place de Harlem. Entr'autres bâtimens, l'on y voit une Eglise qui en occupe le milieu. Auprès sont différentes Maisons avec Boutiques, et sur le devant à gauche s'élève un Monument surmonté d'une balustrade qui, par l'effet du soleil, porte son ombre sur une grande partie du devant de cette

Place, et produit en même tems une belle masse d'ombre qui sert de repoussoir à un nombre infini de Figures admirablement bien groupées et distribuées sur différens plans. Il est impossible de rencontrer un Tableau dont l'effet soit plus vrai et plus piquant ; la touche en est ferme, et la précision avec laquelle tous les bâtimens y sont rendus jusque dans les moindres détails, nous rappelle les beaux Ouvrages de *Van der Heyden.*

BEMEL (Van).

23. *Peint sur toile, larg.* 42 *, haut.* 27 *p.*

Point de vue d'un Site montagneux près d'une Rivière. La droite présente un ancien Pont sur lequel dominent une Tour et une Guérite indiquant les restes d'un Château fort. Une suite nombreuse de Chasseurs descendent une Côte rapide. Le premier plan à gauche est couvert de Bestiaux qui se reposent sur une Prairie, parmi des Ronces et des Plantes. Très-bon Tableau de ce Maître.

BEGA (Corneil).

24. *Peint sur bois, haut. 15, larg. 13 p.*

—Deux Sujets d'intérieur de Tabagie où sont rassemblés des Paysans qui s'amusent à boire et à fumer. Dans l'un on remarque une jeune Fille écoutant la conversation d'un Homme assis et de figure grotesque, qui tient sa pipe; et dans l'autre, différens Personnages autour d'un Tonneau. On retrouve dans ces deux Morceaux, la franchise de touche et la belle manière de peindre de cet Artiste, dont les Ouvrages sont aujourd'hui très - rares à rencontrer.

BURG (Van der).

25. *Peint sur bois, larg. 14, haut. 12 p.*

Un Marchand de petits Poissons appelés Crevettes. Il veut embrasser une jeune Fille que l'on voit près de lui. Sur un plan reculé est une vieille Femme qui les regarde. Ce joli Morceau est connu sous le nom d'*Ary Buur-*

man, ou *Eh. Voisin*. Descamp le cite dans son Ouvrage, à l'article de ce grand Peintre. Quant à nous, nous ne pouvons nous empêcher de fixer l'attention des Amateurs sur ce petit Tableau qui offre une couleur naturelle et vraie, une touche large et facile, et un précieux fini qui se rapproche des beaux Ouvrages de *Schalken*.

BLOEMEN (Van).

26.   *Peint sur toile, larg.* 15, *haut.* 11 p.

Le Sujet d'un Manége dans un site de Paysage. On y remarque, entr'autres détails, un Cavalier faisant exercer un Cheval de belle race. Petit Morceau de chevaler, de la touche soignée de ce bon Peintre.

BISCAYE.

27.   *Peint sur cuivre, larg.* 33, *haut.* 23 p.

Très-belle et précieuse copie par le vieux *Biscaye*, du sujet capital traité par *P. P. Rubens*, et connu sous le titre du *Jardin d'amour*.

107-

hazard

28. *Peint sur toile, haut.* 29, *larg.* 23 p.

Point de vue d'un Port de mer, dont le premier plan est couvert de divers Personnages, et le second plan enrichi d'une Statue de Neptune. Bon Tableau à l'imitation de *J. Lingelback.*

C.

CALIARI (PAUL), dit VÉRONÈSE.

190

29. *Peint sur toile, de forme ovale, haut.* 24, *larg.* 16 p.

L'Assomption de la Vierge, projet en petit et terminé, du grand Plafond qui se trouve à Venise, dans la Tribune de l'Eglise d'*Ogni Santi.* Près d'un Autel et sur ses degrés, on voit divers Personnages occupés à brûler de l'encens, dont la fumée s'élève dans les airs et se mêle avec les nuages qui transportent dans le ciel la mère du Sauveur. Elle est largement drapée d'une robe

blanche, dans une attitude triomphante, et
porte dans ses mains le Calice renfermant le
symbole de l'Eucharistie. Un foyer de lumière
qui part d'une Gloire d'Anges, jette le plus
grand éclat sur ce Tableau où l'on reconnaît,
dans son entière exécution, toute la richesse du
pinceau de ce grand Coloriste.

CARRACHE (Louis).

30. *Point sur cuivre, haut.* 9, *larg.* 7 p.

Le Christ mort, descendu de la Croix. Cette
Figure, du plus grand caractère, occupe tout
le devant du Tableau, et est soutenue sur les genoux de la Vierge qui est assise, le regard
élevé vers le ciel, dans l'expression de la plus
grande douleur. A droite on voit la Madeleine
prosternée qui baise une des mains du Sauveur,
tandis que Saint Jean debout, exprime par son
geste le sentiment le plus pénible. Un ciel sa-
tisfié comme pour indiquer le deuil de la Nature, éclaire toute la Composition, qui ne présente d'autre accessoire qu'une partie de la
Croix. Cette Scène pleine d'ame et du plus

B *

grand pathétique, fixe entièrement l'attention. Morceau d'une exécution facile qui caractérise le grand Maître, et de la plus grande rareté, par sa petite proportion.

CARRACHE (Antoine).

31. *Peint sur toile, haut.* 53, *larg.* 39 *p.*

Le Christ attaché à la Colonne, et flagellé par trois Bourreaux. Composition de quatre Figures plus fortes que nature. La principale, les bras froissés par une corde et attachés derrière le dos, est représentée de face, dépouillée de ses vêtemens, et vue presque jusqu'aux genoux, ayant la tête penchée vers l'épaule gauche. A droite on voit un Exécuteur ajusté d'une Draperie violâtre, et coiffé d'un Chapeau orné de plumes, placé d'une manière qui ajoute encore à la férocité de ses traits. L'Artiste a rendu de la manière la plus touchante, le calme et la douceur du Christ. Ce Tableau, du plus grand style, offre la noble et fière exécution de l'École de *Bologne*, et le mérite du pinceau soigné, qui distingue particulièrement les Ouvrages du

Gh t de l'Elève d'*Augustin Carrache*. On sait que la mort prématurée de ce célèbre Artiste, ajoute encore un grand prix à ses rares productions.

CARAVAGE (MICHEL-ANGE DE).

32. *Peint sur toile, haut. 51, larg. 37 p.*

Hyacinthe blessé par Apollon, et mourant dans ses bras. Le Peintre a pris le moment où les Gouttes de sang qui tombent de sa Bouche, se changent en la Fleur qui porte son nom. Ce Groupe de caractère, dans une belle proportion de nature, se détache sur un fond de Paysage vigoureux. La grande fermeté du Dessin et le fini le plus précieux, contribuent à offrir une production marquante de ce grand Peintre.

PAR LE MÊME.

33. *Peint sur toile, haut. 72, larg. 52 p.*

Ce Sujet de caractère et d'une composition imposante, représente la Vierge debout à la porte d'un Temple, tenant l'Enfant Jésus dans ses bras. Elle reçoit les prières de deux Pélerins qui sont prosternés à ses pieds sur la gauche du Sujet ; les Figures sont de belle proportion de nature. Très-beau Morceau de Galerie, qui a toujours joui d'une grande considération dans la Curiosité. Au surplus, nous laissons aux Amateurs à lui assigner le rang qu'il mérite.

CORADO (CHARLES).

34.   *Peint sur toile, larg.* 39 *, haut.* 30 *p.*

Le Sujet est tiré de la troisième Eglogue de Virgile. Sur le devant on voit un jeune Berger assis, qui se tourne avec promptitude vers une jeune Fille qui court se cacher dans les Roseaux. Sur la droite et en demi-teinte, on voit un autre Berger endormi. Des Bestiaux groupés sur différens plans, enrichissent cette composition, qui est de la plus belle touche et d'une couleur agréable. Tous les Amateurs connnaissent la rareté des Ouvrages de cet Artiste qui a toujours été occupé par le roi d'Espagne, dont il était le premier Peintre. *Voyez* le N.º 24 du Catalogue de la vente *Robit*, d'où il provient.

COLOMBEL (NICOLAS).

35. *Peint sur toile, larg. 36, haut. 27 p.*

Agar dans le Désert, et montrant son fils Ismaël à l'Ange qui lui indique au même moment une source d'eau. Cette Composition, tout à la fois gracieuse et de caractère, ressort sur un riche fond de Paysage terminé par un lointain de Plaines et de Montagnes. Ce Tableau est, sans contredit, du meilleur choix parmi les productions de ce Peintre, digne contemporain des *Poussin*, *Le Sueur* et *Le Brun*, et peut tenir une place distinguée dans quelques Musées ou belles Collections.

PAR LE MÊME.

36. *Peint sur toile, larg. 30, haut. 27 p.*

Un Sujet de Moïse. Le Peintre a choisi le moment où Jocabed sa mère, après l'avoir conservé pendant trois mois, et pour se soumettre à l'édit du Roi d'Egypte, l'expose sur le Nil, dans un Panier de jonc enduit de bitume. On voit cette Mère en larmes sur le bord de ce

Fleuve, regardant encore son Enfant qui lui tend les bras; et plus loin, sur la droite, Aram et le reste de sa Famille, effrayés à la vue de cette scène douloureuse. Toutes ces Figures se détachent sur un fond de Paysage du ton le plus ferme et le plus vigoureux, terminé par des Monumens de riche Architecture, indiquant le Point de vue d'une principale ville d'Egypte. En regardant ce bel Ouvrage dans ses nombreux détails et son exécution, les connaisseurs y trouveront la sagesse de style et le précieux fini que ce grand Artiste a puisés dans les Ouvrages de *Raphaël* et du *Poussin*, et c'est peut-être la première fois que l'on aura vu cet événement de l'enfance de Moïse, traité par la Peinture.

COURTOIS (JACQUES).

37.   *Peint sur cuivre, diamètre 7 p.*

Deux Tableaux de forme ronde. L'un représente un Port de mer à l'effet d'un soleil couchant, et l'autre un Paysage traversé dans toute sa longueur par une Rivière où l'on voit des Baigneurs. Morceaux d'un excellent ton de couleur, et pleins de vérité dans leur effet.

CASE (JACQUES).

38. *Peint sur toile, haut. 54, larg. 44 p.*

Sainte Cécile chantant les louanges du Seigneur, et accompagnée de deux Anges. Ce Tableau d'une exécution facile, est d'un bon choix parmi les Ouvrages de ce Maître.

CONING (PHILIPPE DE).

39. *Peint sur toile, larg. 62, haut. 48 p.*

Point de vue d'une vaste étendue de Campagne prise du côté d'Utrecht. On y voit circuler parmi le Terrain sablonneux des Tourbières, les différentes sinuosités d'une Rivière à l'époque des grandes eaux. Parmi toutes les richesses de détails, tant de Prairies que d'Arbres et d'Habitations, on distingue sur le premier Plan à droite, plusieurs Chaumières et un Moulin. L'horizon se termine par un lointain de Dunes qui se confondent avec un ciel nébuleux. Ce Tableau, du ton de couleur le plus chaud, d'un

faire hardi et de la plus étonnante harmonie de
clair obscur, et d'un effet surprenant de perspective linéale, offre un de ces chefs - d'œuvre
inapréciables pour l'étude, et qui manquent à la
magnificence du Muséum. Le plus grand éloge
que l'on puisse faire de ce Tableau, est qu'il a
toujours passé pour être de *Rembrandt* dans
les Collections renommées du comte de Vence
et du prince de Conty, et qu'il est consacré sous
ce nom, par l'Estampe spirituellement gravée
de M. de *Marcenay*, et indiquée sous le titre de
Commencement d'orage.

CORNEIL, de Harlem.

40. *Peint sur bois, larg.* 15, *haut.* 13 p.

Le Baptême de Jésus par Saint Jean au bord
du Jourdain. Composition de dix Figures princi-
pales. Morceau très-ancien où l'on reconnaît la
bonhomie du tems et néanmoins un grand mérite
de couleur et de touche.

D.

DICK (Antoine Van).

41. *Peint sur toile, haut 96, larg. 84 p.*

Ce capital et magnifique Tableau de Galerie, représente le moment où Jésus - Christ trahi par Judas, est arrêté par les Juifs. Les Figures, au nombre de onze, et de belle proportion de nature, forment le Groupe le plus savant. On y admire une grande variété d'attitude et de mouvement, beaucoup de sagesse et de résignation dans la Figure principale, ainsi qu'une grande énergie de caractère dans les autres Personnages.

L'historique de ce Tableau annonce que cet Ouvrage est le dernier que *Van Dick* ait exécuté dans l'Ecole de son Maître *P. P. Rubens*, qui, à sa vue, déclara à son Elève qu'il était digne et en état d'aller en Italie pour y consulter les grands Maîtres. Enhardi par ce suffrage, l'Elève en fit hommage à son Maître qui l'accepta et le fit placer honorablement parmi les chefs-

d'œuvres de sa Galerie, où il le faisait souvent ad-
mirer aux curieux. Il fut acheté à la vente de ce
grand Peintre, par une famille d'Anvers, qui l'a
conservé long-tems, et qui en connaissant tout
le prix, le sauva, lors des troubles de la Flandre,
en l'enclavant dans une muraille où il a été
ignoré pendant plusieurs années, et soustrait
aux recherches de ceux qui étaient chargés de le
découvrir.

DOW (GÉRARD).

42.   *Peint sur bois, haut.* 7 *, larg.* 6 *p.*

Une vieille Femme représentée à mi-corps
et vue de trois-quarts. Elle est vêtue d'une
robe garnie d'hermine, attachée par une agrafe
d'or, et a la tête couverte d'un Bonnet fourré,
enrichi d'une Chaîne avec un Saphir au milieu.
Cette Tête, pleine de vérité et d'expression,
est d'un faire admirable, et annonce le tems où
il étudiait chez *Rembrandt.*

DUSAERT (CORNEILLE).

43.   *Peint sur toile, haut. 36, larg. 30 p.*

Le Sujet d'une Fête Villageoise représentée sur une Place et à la porte d'un Cabaret qui occupe toute la partie droite. On y remarque un jeune Garçon monté sur un tréteau, jouant du violon et accompagné par un vieux Paysan qui joue de la basse pour faire danser un Homme et une Femme qui se détachent sur la partie du premier plan. Les détails infinis de ce Tableau, et la force de son coloris, présentent un des Ouvrages les plus marquans de cet excellent disciple d'*Adrien Van Ostade*, dont il a suivi la belle manière avec tant de succès. On ne lui connaît rien de supérieur.

PAR LE MÊME.

44.   *Peint sur bois, haut. 13, larg. 12 p.*

Une Famille de Paysans assemblés au dehors de leur maison pour boire et fumer. Ce joli Tableau présente encore une production heureuse de cet habile Peintre.

DOES (JACQUES VAN DER). 1659.

45. *Peint sur toile, haut. 19, larg. 22 p.*

Un beau Paysage, site d'Italie. A droite s'élèvent de grands Arbres près desquels on voit une Charrette pleine de foin, et attelée de deux Bœufs conduits par un jeune Villageois. Le milieu est couvert d'un Troupeau de Moutons distribués sur différens plans. La gauche offre une grande étendue de Terrein où l'on distingue des Ruines et de hautes Montagnes terminées par de beaux lointains. Le tout est éclairé par un ciel tranquille. Il suffit de voir ce Tableau, pour juger que cet Artiste méritait justement la réputation qu'il avait acquise, de peindre les Moutons avec un talent presqu'inimitable.

DOES (SIMON VAN DER).

46. *Peint sur bois, larg. 18, haut. 15 p.*

Un riche Site montagneux, terminé par de beaux lointains. Sur le devant on voit une

jeune Villageoise assise, gardant les Moutons,
et ayant derrière elle sa compagne endormie.
Ce Tableau est harmonieusement peint, les
animaux sont bien étudiés, et tout y est touché
d'une manière large et pleine d'esprit.

E.

ECKHOUT (GERBRANDT VAN). 1661.

47. *Peint sur toile, haut. 51, larg. 40 p.*

Deux magnifiques Portraits, surprenans par
leur vérité. Ils offrent un Personnage hollandais et sa Femme dans un bel habillement noir
relevé par différentes parures de dentelles;
l'un et l'autre près d'une table où sont placés
différens accessoires. On ne peut pas présenter
un article plus marquant en ce genre pour le
haut des Cabinets.

EVERDINGEN (JEAN).

48. *Peint sur toile, larg. 48, haut. 38 p.*

Point de vue d'un Village au bord de la

Mer, indiquant un endroit de passage. En opposition à la partie droite, occupée par une Mer
houleuse, le Peintre a placé divers Bâtimens
et nombre de détails pitoresques au milieu de
grands Arbres. Un ciel couvert et nuageux indique l'approche d'un orage. Morceau d'une
exécution facile et d'une grande force de couleur.

F.

FETY (Dominique).

49. *Peint sur toile, haut. 38, larg. 24 p.*

Saint François, proportion de nature, et représenté à mi-corps. Il est vu de profil, les
yeux élevés vers le Ciel, et dans un moment
de prière et d'adoration. Morceau de grand
caractère, offrant une brillante Etude de cet
habile Peintre.

FLINCK (Govaert).

50. *Peint sur toile, haut. 27, larg. 22 p.*

Portrait d'une jeune Femme représentée de
face et à mi-corps, dans le riche costume de
Nord-Hollande. Morceau d'une grande vérité,

et dont la belle exécution est soutenue d'un ton de couleur vigoureux dans le style de *Rembrandt*.

G.

GRIMALDI (FRANCISQUE), dit BOLOGNESE.

51. *Peint sur toile , larg.* 17, *haut.* 13 *p.*

Le Point de vue d'un Paysage d'Italie, en partie couvert d'Arbres qui laissent voir de riches lointains de Côteaux et Montagnes. Sur le devant est un Lac traversé par un Pont de pierres sur lequel on distingue quelques Personnages , dont un à cheval. Ce morceau joint à la vigueur du coloris une entente parfaite de clair obscur.

GLAUBER et LAIRESSE.

52. *Peint sur toile , larg.* 21, *haut.* 17 *p.*

Deux très-beaux Tableaux de ce Maître,

offrant des sites de Paysage dans le style hé-
roïque, avec Fabriques et Monumens. Tous deux
sont enrichis de précieuses Figures de Nymphes
et autres personnages de la main de *Gerard
Lairesse*. Ces Morceaux du plus riche détail,
sont meilleur du choix dans les productions
de cet habile Artiste, appelé le *Poussin* de la
Hollande.

G O F R E D I.

53. *Peint sur cuivre, larg.* 15, *haut.* 10 *p.*

Bonne Étude de Paysage, offrant sur la
gauche une masse de Roches couronnée d'Arbres.
Du même côté, sur le premier plan, est un
Homme vêtu de rouge, accompagné d'un jeune
Enfant.

H.

HACKERT (PHILIPPE). *Romæ*, 1783.

54. *Peint sur toile, larg.* 32, *haut.* 20 *p.*

Point de vue d'un site des plus riches et
des plus rians d'Italie. La partie droite présente

une belle masse d'Arbres qui ombragent une Pelouse fleurie où s'élève un Temple à l'Amour, auquel de jeunes Bergères viennent offrir leur sacrifice sur un Autel. Le milieu et la partie opposée présentent une grande étendue de Rivière qui baigne des prairies et les plus agréables côteaux. Des Montagnes d'un effet vaporeux se détachent sur le ciel frais d'une belle matinée d'Été. Les premiers plans de cette aimable production sont enrichis de Figures offrant le sujet pastoral de deux Amans qui viennent consulter un Hermite. Quelques Vaches et autres Animaux, ainsi que des Plantes et Broussailles du meilleur goût de touche, contribuent à son éclat et à sa variété. Il est impossible de présenter un Tableau qui ait plus de charmes dans son ensemble, plus de fraîcheur dans son coloris et de pureté dans son exécution.

HUE (FRANÇOIS).

55. *Peint sur toile, larg.* 56, *haut.* 33 *p.* 330.

Le Point de vue d'une grande Etendue d'eau, bordée de chaque côté par des détails de Pay-

sage, et représentée à l'effet d'un clair de lune.
Le premier plan offre un rivage vigoureux de
ton, où sont des Pêcheurs dans leur bateau.
Cette production tient un rang distingué parmi
les Ouvrages de ce digne successeur de *Vernet*.
On y remarque une admirable intelligence de
clair obscur et de perspective, un très-beau
mouvement dans les nuages, leur forme et
leur distribution, et cette touche légère et
vraie q ui contribue à produire une illusion com-
plète.

HEMELINCK (Jean).

56. *Peint sur bois, haut. 52, larg. 32 p.*

Le Sujet de la Fuite en Egypte, morceau
curieux pour l'époque de la renaissance de l'Art.

HELST (Bartholomé Van der).

57. *Peint sur toile, haut. 36, larg. 26 p.*

Le Portrait de cet habile Peintre. On le voit
de trois-quarts et assis près l'appui d'une croisée entourée de branches de Vigne, tenant
un Livre de la main droite, et semblant fixer

pour le moment un autre objet qui le frappe au dehors.

Ce Tableau sera sans doute apprécié par les Connaisseurs, qui y verront non seulement avec plaisir les traits d'un des plus habiles Peintres de Portrait, mais y reconnaîtront encore sa grande manière de les composer, la beauté de ses draperies, l'excellence de sa couleur, la correction de son dessin, et la finesse de son exécution.

HOOGE (PIERRE DE).

58. *Peint sur toile, larg.* 30, *haut* 27 *p.*

Sous un Vestibule de riche Architecture, et au milieu du Sujet, on voit quatre Personnages faisant de la musique, dont deux Femmes assises près d'une table couverte d'un beau Tapis de Turquie, la troisième vue debout et par le dos, est dans un riche habillement de satin jaune ; elle tient une Mandoline, et paraît accompagnée sur la flûte par un Homme vu de face et coiffé d'un chapeau surmonté d'une plume rouge. La gauche offre le Point de vue d'un Canal bordé de différens Edifices représentés à l'effet du Soleil couchant. Morceau d'une grande force de coloris, d'une belle exécution, et de cette magie de clair obscur qui produit l'illusion.

HONDERKOETER (MELCHIOR).

59. *Peint sur toile, haut. 66, larg. 51 p.*

Divers Animaux de basse-cour, au nombre desquels on voit un Paon blanc et un Coq effrayés à la vue d'un Épervier. Ce sujet est représenté dans un fond de Paysage enrichi sur la gauche des restes d'un ancien Monument décoré de Statues, qui se détachent harmonieusement sur de beaux lointains bien dégradés et parfaitement entendus de perspective. Ce morceau dans lequel *Honderkoeter* a rendu avec une perfection inimitable l'effroi des animaux, offre encore un chef-d'œuvre de l'Art, tant par la beauté du coloris que par la vérité des mouvemens.

HUYSUM (JEAN VAN).

60. *Peint sur toile, haut.* 14, *larg.* 12 p.

Riche Point de vue de Paysage offrant différentes Fabriques, Ruines, Rivières et Montagnes. Morceau de la plus grande finesse dans tous ses détails. Entr'autres Figures distribuées sur les différens plans, on remarque un homme occupé à pêcher à la ligne.

PAR LE MÊME.

61. *Marouflé sur bois, haut.* 15, *larg.* 12 p.

Un Bouquet de Fleurs naturellement et artistement groupées dans un Vase de terre orné de bas-reliefs et posé sur une Table de marbre ; à la gauche un nid d'Oiseaux avec des œufs forme un accessoire intéressant. Ce Morceau touché avec esprit, est une Etude curieuse de de ce Maître.

HOET (GÉRARD).

62. *Peint sur toile, larg.* 24, *haut.* 18 p.

Tableau allégorique représentant une Fête en

l'honneur de la Peinture personnifiée par le buste de *Lairesse*, maître de cet Artiste. Une foule de Personnages s'occupent, les uns à tresser des couronnes; les autres à jouer de différens instrumens, et d'autres à danser. Ce Morceau plein de mouvement, est peint avec grâce, et du plus bel émail de couleur.

HUISMANS, de Malines.

63. *Peint sur toile, larg.* 20 *, haut.* 15 *p.*

Deux Points de vue de Paysage du site le plus riche par leurs détails, et en même tems sévères par la vigueur de leur coloris et la fermeté de leur exécution. On remarque dans l'un des Pâtres qui gardent leurs bestiaux auprès d'un lac, et dans l'autre des Nymphes qui cueillent des Fleurs. C'est à juste titre que *Huismans* de Malines, tient un rang très-distingué parmi les Paysagistes.

PAR LE MÊME.

64. *Peint sur bois, larg.* 12 *, haut.* 9 *p.*

Un autre petit Tableau de Paysage, aussi

de la première qualité, et que l'on peut pré-senter comme un échantillon parfait.

PAR LE MÊME.

65. *Peint sur bois, larg. 18, haut. 7 p.*

Petit Tableau de Paysage, de la riche couleur et de l'excellente touche de cet habile Maître.

J.

JARDIN (CARLE DU).

66. *Peint sur toile, haut. 21, larg. 16 p.*

Ce Tableau, de la rare qualité de ce Maître et de sa touche large et vraie, représente une Paysanne la tête couverte d'un chapeau de paille, et debout près de son Ane chargé de son bat. Sur le devant on voit une Chèvre, un Bouc, un Mouton, une Poule d'Inde, un Pot au Lait de cuivre et un Morceau de tapis placé dans un panier d'osier. Ce groupe admirable se détache sur une pelouse aride, et un fond

de Montagnes. Le Sujet tire toute sa lumière
de Nuages brillans qui contribuent à la magnificence et à la richesse de ce précieux Morceau.
Les Amateurs n'ignorent point l'extrême dif-
ficulté de rencontrer aujourd'hui des Ouvrages
de ce peintre, l'un des premiers de son genre.
Celui que nous décrivons, réunit tous les avan-
tages et les perfections de l'Art.

JORDAENS (Jacques).

67. Peint sur toile, haut. 44, *larg.* 36 *p.*

Ce Sujet plaisant et grotesque offre deux
personnages, Homme et Femme, de forte
nature et à mi-corps, dans l'embrasure d'une
croisée. Ils sont tous deux représentés sous le
déguisement de la Folie, ainsi qu'il était d'usage
en Flandre dans certain tems de l'année. L'Homme, d'un caractère riant, est vu de face tenant
un Chat dans ses bras, tandis que sa Femme
à sa droite tient la Marotte. Ce Morceau, admirable par la fermeté de son exécution et la
force de son coloris, doit produire un grand
effet dans les hauts d'un Cabinet.

JORDANE (LUCAS).

68. *Peint sur toile, haut. 22, larg. 19 p.*

Suzanne au Bain. Elle est représentée dans le moment où, surprise par les deux Vieillards et effrayée, elle se retourne vers eux le bras gauche élevé. Ces Figures resortent avec vigueur sur un beau fond de Paysage terminé par de grands Arbres qui se détachent avec légéreté sur un ciel frais et bien nuagé, dans lequel on aperçoit une Colombe qui annonce l'arrivée du jeune Daniel.

PAR LE MÊME.

69. *Mêmes dimensions.*

Bethzabée au Bain. On voit auprès d'elle trois de ses Femmes, dont une lui arrange les cheveux, tandis que l'autre tient un Panier rempli de linge. Cette scène gracieuse se passe dans un riche Paysage où l'on aperçoit David qui la contemple du haut de son Palais.

Ces Morceaux offrent deux compositions agréables, et sont aussi parfaits l'un que l'autre,

tant par le piquant des effets et par la beauté
du coloris que par cette exécution facile et
hardie qui a fait surnommer leur auteur *fa
Presto*. Ils proviennent tous deux de la Collection de Billy, grand Amateur de l'Ecole
d'Italie.

K.

KIERINGS, VAN KESSEL et RUBENS.

70. *Peint sur toile, larg.* 30, *haut.* 20 p.

L'Intérieur d'un Parc orné sur la droite, du
Péristile d'un Palais au pied duquel est un
Bassin construit en Marbre, et à la gauche
d'une riche Fontaine entourée de grands Arbres
à fruits, de différentes Fleurs et Buissons de
Roses. Il paraît que la disposition de ce beau
lieu a fourni à *P. P. Rubens* l'idée d'y placer
la Figure de Suzanne, que l'on voit débarrassée
de ses vêtemens et prête à se baigner, au
moment où les deux Vieillards cachés sous le
feuillage la considèrent à l'écart. Elle est entourée de différens accessoires de sa Toilette

et de sa parure, où l'on reconnaît la touche précieuse de *Van Kessel*, qui, dans ce même Paysage, a distribué différens Oiseaux, des Canards et un Singe. Ce Tableau intéressant par la réunion de *Rubens* à ces deux autres Maîtres, offre l'ensemble le plus riche et le plus brillant.

KIERINGS (ALEXANDRE).

71. *Peint sur bois, larg.* 32, *haut.* 26 *p.*

Point de Vue intérieur d'une épaisse Forêt. Vers le milieu, en premier plan, on voit un Artiste assis sur un arbre fracassé occupé à dessiner ce Site pittoresque.

PAR LE MÊME.

72. *Peint sur bois, mêmes dimensions.*

Une autre Forêt d'un site plus agreste, avec un Percé dans le milieu qui produit différens coups de lumière sur tous les détails d'une Chasse au Cerf, qui ajoute encore à son intérêt.

Les Ouvrages de cet excellent Paysagiste

sont très-estimés par le précieux de leur fini et leur touche très-étudiée.

KLERCK (HENRY).

73. Peint sur toile, haut. 44, larg. 33 p.

Le Portrait d'un Personnage. Il est représenté avec la pose la plus simple et la plus naturelle, assis dans un fauteuil et près d'une Table. Il a la tête presque de face, porte une petite barbe, des moustaches et une chevelure courte et grisâtre. Une Fraise de batiste contribue à faire ressortir la carnation douce et vraie de son visage. Son vêtement noir bordé d'une fourrure de Martre, indique le costume d'un Magistrat. Ce Portrait, d'une grande illusion de vérité, présente encore une richesse remarquable dans ses deux mains qui sont parfaitement étudiées, et son ensemble offre une belle production de l'Art dans son genre.

L.

LIBERI (le Cavalier).

74. *Peint sur toile, haut.* 42, *larg.* 34 p.

Saint Pierre en prison, et représenté endormi dans le moment où l'Ange vient briser ses fers. Ce Morceau est du faire et de la couleur la plus énergique.

LAIRESSE (GÉRARD).

75. *Peint sur bois, larg.* 28, *haut.* 14 p.

Sur un Lit de forme antique, près de colonnes indiquant les ruines d'un Temple, on voit Vénus assise auprès de Mars. Au-dessus d'elle Mercure paraît dans un nuage, tenant son Caducée, et semblant vouloir fixer les regards de cette Déesse sur de beaux lointains qui terminent la gauche de cette heureuse composition. A droite et sur le devant est l'Amour ajusté d'un manteau, et essayant à porter le Casque et le Sabre de Mars. L'agrément du Sujet et la finesse de sa couleur, réunis aux grâces du style et à la correction du dessin, placent ce Tableau au rang des meilleures productions de cet Artiste. Il provient de la vente du Cabinet de Choiseul-Praslin, N.º 76.

LINGELBAK (JEAN).

76. *Peint sur toile, larg. 34, haut. 24 p.*

Un Tableau de première classe dans son genre, représentant la Vue d'un port dont le rivage est entièrement couvert d'un grand nombre de Figures, Chevaux et autres détails d'accessoire. Un ciel nuagé dans le plus heureux mouvement et du ton le plus brillant, contribue par son éclat à faire ressortir tous les objets. Nous croyons devoir fixer l'attention des Amateurs sur cet admirable Ouvrage de son Auteur, et assurer avec confiance que l'on ne connoît rien de lui de plus parfait et de plus riche.

LEONEN (GÉRARD).

77. *Peint sur toile, larg. 14, haut. 12 p.*

Le Point de vue d'un Paysage montagneux.

Sur le devant sont trois belles Vaches, dont
celle du milieu est d'un ton grisâtre. Tableau
d'un bon effet et d'une touche ferme et facile.

M.

MOLA (FRANÇOIS).

78. *Peint sur toile, haut.* 17, *larg.* 13 *p.*

Saint Bruno dans un Paysage solitaire. Il est
représenté assis au pied d'un groupe d'Arbres,
dans les Habillemens de son Ordre, et en mé-
ditation sur un Livre. Ce Tableau de la plus riche
couleur et du faire le plus habile, présente un
échantillon précieux et parfait de ce grand
Peintre.

MARCHAIS.

79.   *Peint sur toile, haut.* 12, *larg.* 8 *p.*

Deux jolies Études de cet Artiste, offrant
l'une un jeune Paysan accompagné de son
Chien, l'autre une jeune Fille conduisant un
Mouton.

D

METZU (GABRIEL).

80.   *Peint sur bois, haut. 8, larg. 9 p.*

Une jeune Cuisinière vue jusqu'aux genoux, et occupée à piler dans un Mortier. Un excellent coloris et un faire large et facile distinguent cet excellent Tableau, qui gagnerait beaucoup au nettoyage.

MOOR (CARLE DE).

81.   *Peint sur bois, haut. 6, larg. 4 p.*

Un petit Tableau de forme cintrée par le haut, représentant une jeune Dame vue à mi-corps, assise dèvant une Table, et occupée à écrire. Elle est artistement ajustée de riches draperies, coiffée d'une plume blanche, ayant un doigt sur la bouche, indiquant un moment de réflexion. Ce Morceau, d'une forte couleur et précieusement terminé, provient du Cabinet Tolosan, N.° 74 de son Catalogue.

PAR LE MÊME.

82.   *Peint sur bois, haut. 5, larg. 3 p.*

Portrait de la Duchesse de Malborough. Elle est vue presque de face, la poitrine et les épaules découvertes, la tête ajustée de plumes et d'une jolie chevelure blonde. Ce petit Tableau de forme ovale, est encore de la touche précieuse de cet habile Peintre.

MOUCHERON (FRÉDÉRIC)
ET ADRIEN VAN DE VELDE.

83.   *Peint sur toile, larg. 26, haut. 23 p.*

Point de vue de Paysage d'un site montagneux, enrichi de grands Arbres qui se détachent légérement sur un Ciel brillant et argentin. Le premier plan est occupé par un Lac bordé d'une Prairie où l'on voit plusieurs Baigneuses de la main d'*Adrien Van de Velde*; richesse qui ajoute à la valeur de ce charmant Tableau.

D [*]

MEER de Delft (VAN DER).

84. *Peint sur toile, haut.* 33, *larg.* 29 *p.*

L'Intérieur d'une Chambre hollandaise. A gauche et sur le devant, on voit de profil une jeune et jolie Femme de carnation blonde, ajustée d'un manteau de lit d'Étoffe d'un jaune vif et brillant, bordé d'hermine. Elle est assise auprès d'une Table couverte d'un Tapis vert, sur laquelle sont un Miroir, un Coffret et autres accessoires; elle vient de remettre à sa Servante qui est de l'autre côté de la table, en troisième plan, un billet sur lequel il n'y a point d'adresse, et semble éprouver, ainsi que son geste l'indique, beaucoup d'embarras pour expliquer à sa Servante qui la regarde en souriant, l'objet du message.

Le Brun dans son *Œuvre sur la Vie des Peintres*, pag. 49, tome 2, fait le plus grand éloge de ce Peintre; et son mérite étonnant, ainsi qu'on peut le juger par ce beau Tableau, a droit de fixer l'attention des Curieux.

PAR LE MÊME.

65. *Peint sur toile, haut.* 17 *, larg.* 14 *p.*

L'Intérieur d'un Appartement où l'on voit au milieu une jeune Femme dans un désha-billé du matin. Elle est debout et occupée à lire un Lettre attentivement. Une Table, des Chaises et une Carte de Géographie forment des accessoires rendus avec beaucoup de vérité. Cette Production, quoique très-simple, est recommandable par l'expression naïve de la Figure et l'effet de lumière, mérite ordinaire des Ouvrages de ce Peintre.

MIEL (JEAN).

86. *Peint sur toile, haut.* 15 *, larg.* 12 *p.*

L'intérieur d'une Taverne où sont trois Pay-sans, dont un assis près d'une Table en partie couverte d'une Nappe; il tient élevé un Verre rempli de vin, qu'un jeune Garçon en chemise et pieds nus regarde avec envie; le troisième est vu debout dans l'enfoncement, le dos tourné à la cheminée. Une grande force de coloris

et un pinceau suave et moelleux se font remarquer dans ce bon Tableau de chevalet.

MILLÉ (FRANCISQUE).

87. *Peint sur toile, larg. 36, haut. 26 p.*

Hersé, fille de Cécrops, revenant un jour
du temple de Minerve, accompagnée de jeunes
Athéniennes, attira les regards de Mercure
qui en devint amoureux. C'est cette scène
que le peintre a choisie pour la placer dans un
magnifique Paysage enrichi des plus beaux monumens de l'antiquité. On aperçoit Mercure
dans les airs, au-dessus d'une chaîne de Montagnes qui couronne et termine cet admirable
point de vue. Cet ouvrage du meilleur choix,
est digne de rivaliser avec les belles productions du *Poussin*, en ce genre, tant par l'intelligence du clair obscur, que par la vérité
et la savante distribution de tous les plans; et
l'on peut dire que la nature même ne serait
pas aussi riche, que la féconde imagination du
peintre dans ce Tableau.

MAES (GODEFROY).

88. *Peint sur toile , larg.* 40 *, haut.* 33 *p.*

Ce Tableau très-curieux et traité d'une manière allégorique, représente cinq Portraits d'une famille illustre de la Hollande, sous différens emblêmes, indiquant le caractère de chaque personnage. On distingue l'un d'eux porté sur un Aigle, et retenu par une Draperie rouge que tient son jeune frère. Toutes les Figures se détachent sur un riche fond de paysage et le ciel chaud d'une soirée. Entr'autres perfections de ce Tableau, nous citerons le brillant du coloris et la chaleur de l'exécution.

MEULEN (ANTOINE-FRANÇOIS VAN DER).

89. *Peint sur bois , larg.* 10 *, haut.* 8 *p.*

Sujet d'un Combat de cavalerie dans un défilé. Petit Morceau d'une touche aussi ferme que spirituelle.

MOLNAERT (KLAS).

90. Peint sur toile, larg. 36, haut 24 p.

Point de vue du village de Scheveling. Les premiers plans sont enrichis d'un nombre infini de Figures indiquant le sujet d'un Marché aux Poissons. La partie gauche offre dans le lointain une grande étendue de Mer et différens groupes de Pêcheurs sur le rivage. Cet Ouvrage intéressant par tous ses détails, offre un des Morceaux de choix de son Auteur.

MOMERS (JEAN).

91. Peint sur toile, larg. 60, haut. 40 p.

Une grande Etendue de Pays enrichi de belles Ruines. A gauche est une Rivière au bord de laquelle on voit un Bac déjà chargé de Passagers, et qui attend un Homme qui y fait entrer son Ane que l'eau semble effrayer. Le même côté est terminé par de beaux lointains. Cette composition capitale est d'un excellent ton de couleur et d'un faire qui rappelle les Ouvrages de *J. Weeninx.*

P.

PRIMATICE (FRANÇOIS).

92. *Peint sur bois, larg. 34, haut. 27 p.*

Le sujet de la Fécondité, Composition la plus gracieuse. On y voit une jeune et belle Femme accompagnée de trois Enfans, dont un qu'elle tient dans ses bras. Ces Figures de proportion de nature, se détachent sur un fond de muraille et une partie de draperie verte. Nous ne doutons point que cet Ouvrage ne soit remarqué sous le point de vue de son mérite comme sous celui de sa rareté.

MÊME ÉCOLE.

93. *Peint sur bois, haut. 45, larg. 34 p.*

Le sujet de Diane au retour de la chasse, et entourée de ses Nymphes. Des Chiens et différens Gibiers forment accessoires dans le Sujet, dont les Figures sont de forte proportion de nature. Morceau de caractère et très-soigné dans son exécution et dans ses détails.

PERUZZI (BALTHASARD).

94.　　*Peint sur bois, haut.* 12, *larg.* 8 *p.*

Un beau Portrait du Connétable de Bourbon, tué au Siége de Rome. Ce Morceau joint au mérite de la ressemblance une exécution soignée, et provient de la Collection *Valentinois.*

PRETI (MATHIAS), dit le CALABRESE.

95.　　*Peint sur toile, larg.* 5o, *haut.* 36 *p.*

Tableau du plus grand caractère et de l'effet le plus vigoureux. Il représente Saint Sébastien percé de flèches, au moment où les Saintes Femmes viennent pour l'ensevelir la nuit, aux flambeaux, et défont les liens qui le tiennent encore attaché à l'arbre, au lieu de son supplice. Cette composition de cinq Figures de forte nature et vues à mi - corps, acquiert le plus grand intérêt par la pose du Saint, dont la tête renversée contribue au plus savant dévelopement des muscles et de la poitrine; par les belles Figures de deux jeunes Femmes pleines d'expression et de sentiment; par l'effet de lumière qui éclaire le visage prononcé d'une vieille qui tient un Flambeau, et par la richesse et la fermeté des draperies qui entourent la tête du cinquième personnage que l'on voit à gauche occupé à détacher des cordes avec l'attention la plus religieuse. Ce Morceau de premier ordre justifie les qualités que l'on admire dans ce grand Peintre, toujours cité pour le relief et la force de son coloris.

PEYRON, d'après le POUSSIN.

96.   *Peint sur toile, larg.* 42, *haut.* 36 *p.*

Une belle Copie du fameux Tableau du Déluge. L'impossibilité de posséder l'Original, nous fait croire que les Amateurs feront accueil à cette imitation, qui retrace une des productions qui ont fait le plus d'honneur au génie et à la sagesse de *Nicolas Poussin.*

PALAMEDES.

97.   *Peint sur bois, larg.* 34, *haut.* 24 *p.*

Corps - de - Garde pittoresque pratiqué dans

une partie de Ruines, où l'on voit dix-sept Personnages la plupart dans des habits militaires, qui font la richesse de tout le premier plan. Dans le milieu du Sujet, un Officier supérieur lit un papier que paraît lui avoir présenté un Paysan que l'on voit debout devant lui. A gauche un autre Officier, vu par le dos, dans le plus riche costume, est assis sur un tambour. Ce Tableau d'une excellente couleur, d'un faire large et moelleux, fait honneur au pinceau de ce Maître.

R.

ROBUSTI (Jacques), dit le Tintoret.

98.　　*Peint sur toile, larg. 26, haut. 22 p.*

L'une des Esquisses terminées qui ont servi à la Composition du fameux Tableau sujet du Martire de Saint Marc. Ce Morceau est très-curieux sous le rapport de la pensée et de l'énergie dans l'exécution. Il sera sans doute apprécié des vrais Amateurs qui connaissent la rareté des Tableaux de chevalet de ce grand Peintre.

ROSSO, LE (dit MAITRE ROUX).

99.   *Peint sur toile, haut.* 77, *larg.* 58 *p.*

Une Composition capitale et énergique, offrant Bacchus accompagné d'un jeune Satyre,
et 'Vénus avec l'Amour. Ce Héros qui fut
adoré comme le Dieu du vin, et qui apprit
aux hommes à planter la vigne, est représenté assis sur ses vêtemens, la jambe droite
appuyée sur son haut de chausse. Il tient du
bras droit une Coupe, et semble annoncer avec
fierté à cette Déesse, le pouvoir qu'il a sur
cette liqueur délectable. Le Satyre, d'un air
riant, porte des Pampres d'où pendent des
Grappes de Raisin, tandis que Vénus, assise
sur un Vase d'or et d'argent, tient par le bras
l'Amour, qui, monté sur un Lion, caractérise
toute sa force par cette allégorie.

L'Art en peinture ne représente rien de plus
imposant que ce Tableau, dont les Figures
d'une forte proportion, prouvent que *Maître
Roux* possédait le Dessin au plus haut degré.
Les contours en sont d'une pureté admirable,
les extrémités pleines de sentiment, et les Têtes

d'un grand caractère. L'intelligence du clair obscur est parfaite. On peut dire enfin, que tout répond au génie sublime et au grand style de ce Peintre, qui se forma d'après *Michel Ange* et le *Parmesan*, et dont la mort malheureuse et précipitée donne tant de rareté à ses Ouvrages.

RIBERA (JOSEPH), d'après RAPHAEL.

100.   *Peint sur toile, diamètre 27 p.*

La Vierge dite *à la Chaise*. Cette sublime copie rappelle toutes les beautés et le précieux de ce monument de la Peinture; elle pourrait rivaliser par sa grande perfection avec l'original, et est digne en tout d'honorer la plus belle galerie. La réputation de ce chef-d'œuvre nous dispense d'entrer dans aucun détail sur sa composition.

RICCI (SÉBASTIEN).

101.   *Peint sur toile, larg. 32, haut. 30 p.*

Un Paysage agreste et de site montagneux, pris à l'effet du Soleil couchant. Morceau d'un grand goût de touche, orné de Figures parmi lesquelles on distingue un Porte-Balle.

REMBRANDT (Van Rhin).

102. *Peint sur toile, haut. 27, larg. 23 p.*

Très-beau Portrait d'une jeune Femme dans le costume habillé de Nord-Hollande. Elle est vue presque de face, ajustée d'une grande fraise qui se détache sur son habillement noir à dessin de fleurs; représentée debout et à mi-corps, elle tient ses gants de la main gauche.

Ce Tableau offre un des Ouvrages soignés et classiques parmi le grand nombre des Portraits de ce grand Peintre. On y admire cette finesse de touche et cette force d'harmonie qui conduisent à l'illusion.

RUISDAEL (Jacques).

103. *Peint sur toile, haut. 27, larg. 14 p.*

Ce fini et précieux Tableau représente une grande étendue de Forêt traversée par différens Chemins. On voit dans le lointain plusieurs Châteaux, dont un au milieu. Les devans

offrent un Terrein sablonneux où *Adrien Van
den Velde* a placé de jolies Figures de la touche
la plus spirituelle. Ce Tableau est en outre
admirable par sa profondeur, sa vérité et la
vigueur de son coloris.

PAR LE MÊME.

10 - 104. Peint sur toile, haut. 16, *larg.* 14 *p.*

   Un Point de vue des environs de Harlem.
A droite, en second plan, sont plusieurs Maisons entourées d'Arbres, et faisant face à de
grandes Prairies où l'on fait blanchir des toiles.
Le site se perpétue jusqu'à un massif d'Arbres
qui laissent apercevoir une vaste étendue de
pays. La Ville en perspective, se détache sur
un ciel bien nuagé, qui éclaire cette composition d'une manière piquante. Morceau d'une
agréable proportion ; il réunit à une grande
vérité de ton, la touche large et facile qui
caractérise les meilleures productions de ce
grand Peintre.

RUISDAEL (SALOMON).

105. *Peint sur bois, larg. 30, haut. 20 p.*

La Vue d'une Rivière avec Paysage. A droite
et sur le devant on voit arriver un Bac chargé
de monde et de Bestiaux ; la gauche offre
de l'autre côté des Maisons entourées d'Arbres
qui se détachent sur un beau ciel. Ce Tableau,
d'un bon ton de couleur, présente beaucoup
de vérité et une exécution facile.

ROGMANS.

106. *Peint sur toile, larg. 36, haut. 30 p.*

Point de vue d'un site riche et pittoresque,
baigné par un Lac formé des eaux qui sor-
tent de plusieurs Rochers, et tombent en
cascades sur toute la partie gauche et le premier plan du Tableau ; le côté opposé est
terminé par d'agréables lointains, et plusieurs
Arbres qui se réfléchissent dans l'eau.

Cet Ouvrage d'un grand parti d'effet, d'un
ton chaud et transparent, ainsi que d'une touche ferme et spirituelle, présente dans son

E

exécution la marche d'un des meilleurs Elèves de *Rembrandt*, auquel on a souvent attribué les productions de *Rogmans*; mais nous croyons devoir restituer ce morceau à son véritable Auteur, qui mérite de tenir un rang distingué parmi les Paysagistes de l'Ecole hollandaise. Nous devons aussi assurer, qu'il est impossible de rencontrer un Ouvrage plus parfait de ce Maître, et qui soit de meilleur choix.

ROGMANS.

107. *Peint sur toile, haut. 36, larg. 46 p.*

Paysage agreste, offrant à gauche l'entrée d'un Bois terminé par une chaîne de hautes Montagnes, et traversé dans le milieu par un Lac dont les eaux tombent en cascades jusque sur le premier plan. Ce Tableau, sans être aussi parfait que celui qui le précède, offre néanmoins une Production recommandable de cet habile Peintre.

S.

SCHIDONE (BARTHOLOMÉ).

108. Peint sur toile, haut. 57, larg. 43 p.

La mort d'Abel, dans le moment où Caïn vient de frapper son frère et de le terrasser à ses pieds. Ce groupe de deux Figures fortes comme nature, présente une admirable étude dans les posés, et le plus savant contraste dans le coloris des deux personnages. Ils sont représentés dans un lieu sauvage indiquant l'entrée d'une Forêt. On y voit dans l'éloignement, à la droite du sujet, l'un des Autels où brûle encore l'holocauste offert à Dieu par Abel. L'on reconnaîtra dans ce magnifique Ouvrage, une grande fierté d'exécution, et en même-tems un faire suave et vigoureux, et ces effets déterminés par la rare intelligence qui appartenait à ce Peintre, dans la distribution des lumières, des ombres et des savantes demi-teintes. Ces qualités réunies produisent l'aspect le plus imposant, et rangent ce Tableau parmi les chefs-d'œuvre de la Peinture.

E *

SCHAL.

109. Peint sur toile , haut. 20 , larg. 16 p.

Christophe Colomb de retour , à son débar-
quement est reçu par sa Famille. Cette composition pleine de grâce , offre le plus grand
intérêt par la vérité des caractères , et l'heureuse
distribution des Personnages.

SAENREDAM (PIERRE). 1630.

110. Peint sur bois , larg. 18 , haut. 14 p.

L'Hôtel de Ville de Harlem , représenté dans
tous ses détails d'Architecture , avec autant de
vérité que de précision. L'Artiste a enrichi ce
Tableau d'un grand nombre de Figures retra-
çant l'époque de l'Entrée du prince Maurice
dans cette ville, pour changer la régence. A la
suite de ce grand Cortége sont nombre de Ca-
valiers, dont plusieurs tirent des coups de fusil.
Ce Morceau très-rare, et le seul dans le com-
merce, est curieux sous le rapport de l'Art et de
l'Histoire.

STEEN (JEAN).

111. *Peint sur toile, haut.* 30, *larg.* 25 *p.*

L'Intérieur d'une Chambre hollandaise, où sont réunis onze Personnages, dont quatre autour d'une Table jouent aux cartes. Dans le milieu, *J. Steen* lui-même assis, joue du violon et regarde une jeune Fille en Corset bleu, qui sourit aux plaisanteries qu'il lui adresse. Les autres Figures offrant divers caractères plaisans, contribuent à la gaieté générale du Sujet, qui tire sa lumière d'une Croisée à petits carreaux, garnie en dehors d'un Feuillage de vigne.

Ce rare Tableau qui provient d'une Collection reconnue, y était considéré comme un Ouvrage de premier choix, et de la plus belle touche de son Auteur, autant par son exécution brillante, que par la vérité des caractères, et cette parfaite harmonie de clair obscur qui conduit à l'illusion. Nombre d'accessoires y sont distribués avec autant d'intelligence que de goût. Nous ne connaissons en France aucune production de ce grand Peintre, qui puisse lui être préférable.

STEEN (JEAN).

112. *Peint sur toile, larg. 22, haut. 17 p.*

Sujet d'un Intérieur de ménage hollandais, représentant un Festin joyeux en usage dans ce pays la veille de Noël. Cette composition de plus de quinze Figures, prise à l'effet de nuit, offre une variété de caractère la plus originale, et donne une idée piquante de l'esprit que *Jean Steen* mettait dans toutes ses compositions. Un Rideau verdâtre largement drapé, est suspendu à une Tringle dans le haut du Tableau, et il semble qu'il n'y ait qu'à le laisser tomber pour cacher cette scène vraiment comique. Les Artistes ne manqueront pas de distinguer ce Morceau, particulièrement sous le rapport de l'Art et de la connaissance la plus parfaite du clair obscur.

SCHALKEN (GODEFROY).

113. *Peint sur bois, haut. 9, larg. 7 p.*

L'Intérieur d'un Corps-de-garde. On y compte cinq Figures parmi lesquelles on distingue un

Coupable traduit devant un Officier. Cette Figure est représentée à mi-corps près d'un Appui de pierre décoré de Sculpture, sur lequel tombe une partie d'un Drapeau qui forme un riche accessoire dans la partie gauche. Ce précieux Morceau offre une des compositions marquantes et en même tems curieuses de ce Peintre gracieux, plus connu par ses effets de lumière, et cependant aussi rare qu'estimé dans ses sujets éclairés de jour.

SENAU (PAUL).

114. *Peint sur toile, larg. 56, haut. 36 p.*

Deux Points de vue de Paysage, site d'Italie. L'un, à l'effet du Matin, avec Chûte d'eau et Cascades dans le milieu, est enrichi sur les premiers Plans, de Figures de Nymphes qui se disposent à partir pour la Chasse. L'autre, à l'effet d'une Soirée d'Eté, présente sur le premier Plan à gauche, différentes Figures, Chevaux, Mulets, etc., de *Pierre Bouth.* Ces deux Morceaux sont touchés avec la plus grande facilité.

T.

TORRÉGIANI (Bartholomée).

115.   *Peint sur toile, larg. 36 , haut. 14 p.*

Deux Sites de Paysage d'Italie avec Point de vue de Mer. Ils sont enrichis de diverses Figures de Pâtres et de Bestiaux. Ces Tableaux recommandables par la facilité de leur faire et une parfaite harmonie de clair obscur, rappellent les beaux Ouvrages de *Salvator Rose*, dont cet Artiste fut un des premiers Élèves.

TERBURG (Gérard).

116.   *Peint sur toile , haut. 24 , larg. 18 p.*

Deux Tableaux offrant, l'un un Portrait d'un Personnage hollandais, et l'autre celui de sa Femme. Ils sont tous deux vus en pied dans des habillemens noirs. Morceaux précieux d'exécution et frappans de vérité.

V.

VANNUCCI (Pierre), dit le Perugin.

117.   *Peint sur bois , haut. 26 , larg. 19 p.*

L'Enfant Jésus sur les genoux de sa mère. Il est simplement couvert de sa Chemise et tient de la main gauche une Grenade.

La Tête de la Vierge est pleine de grâce et de naturel, le Corps de l'Enfant Jésus d'un dessin pur et correct , et son Visage d'un fini précieux. On sait que ce Peintre eut la gloire de remettre en vigueur l'Art enseveli en Italie , et celle encore de compter *Raphael* au nombre de ses Élèves.

VASARI (Georges).

118.   *Peint sur toile, haut. 20 , larg. 16 p.*

Cette composition de cinq Figures représente le Sujet de la Flagellation. La Scène se passe sous un Vestibule orné de Colonnes et d'une Architecture d'un style sévère. Au milieu,

sur le premier plan, on voit le Christ attaché
et entouré de quatre Bourreaux, tous dans
l'attitude la plus animée, et dont le caractère de férocité présente un contraste énergique avec le calme du Sauveur, dont l'aban-
don et la patience rappellent cette touchante expression de l'Evangile : *Je suis doux et hum-
ble de cœur.* Dessin correct, savante indication
des muscles, draperies variées et bien jetées,
sans déguiser les belles formes ; telles sont
les beautés particulières de ce chef-d'œuvre,
qui, malgré sa petite proportion, fait l'illusion
d'un Ouvrage de la dimension la plus importante. Ce rare et magnifique Tableau provient
de la Galerie du Cardinal Légat à Ancône, où
il faisait l'admiration des plus grands Connaisseurs. Nous devons aussi annoncer qu'il était
regardé dans cette Collection, comme étant de
Jules Romain.

VÉRONÈSE (ALEXANDRE).

119. *Peint sur toile, haut.* 16, *larg.* 12 p.

Le Sujet de la chaste Suzanne surprise par
les deux Vieillards dans le moment où elle va

se baigner. Le Peintre a su rendre avec vérité, dans la Figure de Suzanne, le saisissement et la crainte qu'elle éprouve à la vue des Vieillards, qui sont du plus beau choix. On y distingue en outre, un beau coloris et ces contours fondus et coulans qu'il se plaisait à rendre à l'imitation du *Corrège* qu'il avait pris pour modèle.

VITELLI (GASPARD VAN).

120. *Peint sur toile, larg.* 17, *haut.* 10 *p.*

Un Point de vue de la Place du Peuple à Rome, entourée de différens Édifices et Bâtimens. Ce Tableau d'une touche spirituelle et admirable, est enrichi de quantité de petites Figures qui y donnent le plus grand mouvement. La perspective et les effets y sont rendus avec autant d'art que de vérité. Il est du nombre de ces Morceaux heureux qui fixent à juste titre l'attention des véritables connaisseurs.

VITELLI (GASPARD VAN).

121. *Peint sur toile, larg.* 41 *, haut.* 20 *p.*

Deux Points de vue pris dans l'intérieur de Rome. L'un offre la Place du Peuple avec tous les Édifices et les Bâtimens qui l'environnent, et la belle Aiguille de porphire qui la décore ; l'autre représente l'Eglise de Saint-Pierre prise du côté de la Campagne, avec tous les immenses détails de cette grande cité. Il n'appartenait qu'à ce Peintre de rendre avec autant d'intérêt, de vérité et de précision, tous ces beaux Monumens de Rome antique et moderne.

122.   M Ê M E   G E N R E.

Deux Points de vue de Rome, enrichis de nombre de Monumens. Dans l'un on remarque la Colonne Trajanne. Ces Morceaux peu terminés, ont besoin de restauration.

VALENTIN (LE).

123. *Peint sur toile, larg. 52, haut. 42 p.*

   Cette composition de treize Figures représente le Sujet d'une Distribution d'aumônes, sous le Péristile d'une Maison de charité. On y remarque pour principal Personnage, un Vieillard qui donne du Pain à un Estropié qui est assis sur des degrés. Les autres Figures offrent différens Groupes, ainsi que des caractères bien contrastés. Morceau d'un excellent effet dans l'ensemble, et d'une grande fermeté d'exécution.

VELDE (GUILLAUME VAN DE.)

124. *Peint sur toile, larg. 48, haut. 36 p.*

   Un Tableau capital et magnifique dans tous ses détails. Il représente une grande étendue de Mer du côté du Texel, et paraît retracer une Fête des Etats de Hollande. Parmi les différens Navires qui figurent avec avantage dans cette grande composition, on en distingue plusieurs où sont placés des Personnages de la première magistrature. Divers autres Bâtimens et Barques ajoutent à la richesse de ce Morceau, dont toute la composition ressort avec vigueur sur un Ciel pur et frais qui caractérise parfaitement l'effet d'un calme. Tout ce que le genre de la Marine offre d'intérêt par une exécution vraie et précieuse de touche, est porté, dans cet Ouvrage, au plus haut degré de perfection, et nous le présentons comme digne, par sa belle dimension, de faire l'ornement de la plus belle Galerie.

VICTOORS (JEAN).

125.   *Peint sur toile, larg.* 77, *haut.* 66 *p.*

Jacob voyageant avec sa Famille, et représenté au moment où il fait faire halte à sa Caravane pour la faire rafraîchir, tandis que, prosterné, il adresse sa prière à Dieu. Très-beau Morceau de Galerie, offrant dans le coloris ainsi que dans l'exécution, tous les détails de perfection qui caractérisent les grands talens d'un des plus grands Elèves de *Rembrandt.*

VOORHOOT (JEAN). 1704.

126. *Peint sur toile, haut. 17, larg. 15 p.*

Une composition de deux Figures, représentant une belle Femme derrière une Balustrade recouverte d'un riche Tapis. Elle est occupée à cueillir une Fleur pour la donner à son Enfant. Morceau très-agréable, plein de finesse, et rappelant le genre de *Netscher.*

W.

WEENINX (JEAN-BAPTISTE).

127. *Peint sur toile, larg. 44, haut. 34 p.*

Ce Tableau de première classe et de la plus grande richesse de composition, offre sur tout le premier Plan un Troupeau de Bestiaux gardé par des Pâtres formant, sur la partie droite, un Groupe de quatre Figures éclairées d'une manière piquante, et qui se détachent sur le Péristile d'un ancien Palais de riche Architecture.

Garnie d'Arbres, la Côte opposée présente, dans l'éloignement et sur différens Plans, un Point de vue de grande étendue, terminé par un riche Côteau et des Ruines qui se lient dans un excellent ton d'harmonie à un ciel nuageux et argentin. Nous n'hésitons pas de présenter ce Tableau comme une des productions les plus soignées de cet habile Coloriste, et l'un de ses Ouvrages de premier choix. On remarque dans les nombreux détails, une touche spirituelle et précieuse qui les distingue tous avec autant d'intérêt que de vérité.

WEENINX (Jean-Baptiste).

128. *Peint sur toile, haut. 31 , larg. 26 p.*

Point de vue d'un Port de Mer. Les devants offrent une Place enrichie d'Architecture et d'un Monument, sujet d'un Empereur couronné. On voit sur des degrés une Dame richement vêtue, tenant un Perroquet sur le Poing, et causant avec un homme qui est à sa droite. Derrière ce Groupe, une jeune Femme debout est appuyée sur le piédestal d'un beau Vase, et occupée à feuilleter un Livre de musique. La partie gauche de cette composition est terminée par un lointain de Mer, des Navires et quelques détails de Figures. On remarque encore, entr'autres accessoires, un Paon perché sur une ancienne Balustrade, et un Chien dans l'attitude de courir. Ce bon Tableau joint à la couleur vigoureuse de cet habile Peintre, une grande facilité dans son exécution.

WINANTZ (Jean).

129. *Peint sur toile, larg. 12, haut. 8 p.*

Le joli Point de vue d'un Paysage avec un Terrain sablonneux chargé de différentes Plantes, et enrichi de charmantes Figures de la meilleure touche d'*Adrien Van de Velde.* Morceau d'une touche fine et spirituelle, parfaitement entendu de perspective, et d'un effet aussi vrai que piquant.

WERF (Adrien Van der).

130. *Peint sur toile, haut. 18, larg. 15 p.*

Le Portrait du père de ce Peintre, vu de trois-

F

quarts jusqu'aux genoux. L'Artiste l'a représenté dans son Jardin et appuyé sur un Piédestal en marbre. Il est richement vêtu d'un Habit de satin jaune, et d'un Manteau de velours cramoisi, négligemment jeté autour de lui. Dans le fond à gauche, on voit une partie du Jardin où s'élève une Statue. L'on sait que ce Maître a excellé à peindre des Portraits. Celui-ci est d'un précieux fini, d'une belle fonte de couleur, et d'une harmonie parfaite.

WIT (EMMANUEL DE).

131. *Peint sur bois, haut. 12, larg. 11 p.*

Intérieur d'une Eglise réformée, pris au jour dans un moment de soleil qui produit les effets les plus piquans. Il est enrichi sur différens Plans, de diverses Figures par *Job Berkeyden.* Petit Morceau précieux, et d'une parfaite intelligence de perspective.

Z.

ZORG (HENRI).

132. *Peint sur bois, larg.* 20, *haut.* 15 p.

Intérieur de Tabagie où sont rassemblés des Paysans à Table. On en distingue deux sur le premier Plan à gauche, qui dansent au son d'un Violon dont joue un Personnage sous le costume d'un Artiste, et que la tradition indique pour être le Portrait du Peintre. Ce Tableau, du plus agréable détail, est traité dans la manière précieuse et fine qui caractérise les meilleures productions de ce Peintre.

TABLEAUX

PAR DIFFÉRENS MAITRES,

DONT PLUSIEURS SONT INCONNUS.

133. *Peint sur bois, larg. 53, haut. 38 p.*

Cette Composition de sept Figures vues à mi-corps, et de proportion de nature, paraît indiquer le Sujet d'un Roi dans son Tribunal, et pardonnant à un coupable. Suivant la tradition, ce Tableau provient de la Galerie de Fontainebleau, où il était indiqué sous le nom de *Pontorme*. Nous avons préféré laisser aux Amateurs à lui donner sa véritable attribution.

134. *Peint sur toile, larg. 29, haut. 21 p.*

Le Sujet de Narcisse se regardant dans une Fontaine, et accompagné de deux Chiens de chasse. Il est assis au pied d'un Arbre, dans un site de Paysage agreste et du plus riche détail. Ce Morceau, d'une touche très-précieuse, est très-intéressant dans son ensemble.

135. *Peint sur toile, haut.* 42, *larg.* 34 *p.*

Jésus-Christ au Jardin des Olives, dans le moment où une Gloire d'Anges lui apparaît, et que l'un d'eux lui présente le Calice. Cet excellent Tableau offre par tout le caractère, la couleur et l'exécution de la grande Ecole des *Carraches.*

136. *Peint sur toile, larg.* 30, *haut.* 22 *p.*

Point de vue d'un Paysage pittoresque couvert d'Arbres, avec Chaumières, Chemin et Dunes sur la droite. Ce Morceau large d'effet est touché en habile Peintre dans le style d'*Obbema.*

137. = Bon Tableau, Sujet de Paysage et Bestiaux, par *Clomp.*

138. = Un Tableau de Paysage par *de Vader,* avec Figures et Animaux, indiquant la touche de *Hams Jordaens.*

139. = Saint François en prière, dans les Ha-

billemens de son Ordre et vu à mi-corps. On
attribue ce Tableau à *Michel-Ange de Cara-*
vage.

140. = Le Portrait d'un Personnage vu à
mi-corps et appuyé sur une Table, par *Ar-*
nould de Gelder.

141. = Un Sujet de Communion, représenté
dans un Paysage agreste. Petit Morceau peint
sur cuivre.

142 = Le Portrait de Rabelais. Morceau curieux pour l'Histoire.

143. = Sujet de Nymphes dans un Paysage.
Tableau dans le Style Italien.

144. = Intérieur d'une Ecole de Village.
Petit Sujet d'un bon effet dans tous ses détails,
par *Senave.*

145. = Buste d'un jeune Garçon. Piquante
Étude par *l'Epicié.*

146. = Joli Bouquet de Fleurs dans un gobelet.
Morceau plein de vérité, et qui fait honneur

au pinceau facile de *Boilly*, et à la diversité de son talent.

147. = Un Sujet de Genre, offrant des Fruits et différens Vases groupés sur une Table avec un Tapis de Turquie. Morceau d'un fini très-soigné dans tous ses détails.

148. = Le Portrait d'une Femme sous le costume d'une Religieuse. Morceau du plus grand fini et d'une grande fraîcheur de carnation, par *J. Holben*. On lit sur le cadre *Madame Marguerite*.

149. = Le Sujet de la Circoncision, composition de six Figure dans le ton le plus chaud de couleur, et d'une touche facile et de goût, par *de Vuet*.

150. = Plusieurs Tableaux omis au Catalogue, seront divisés sous ce N.°

PENDULE.

151. = Une très-belle Pendule en forme de Cartel, en cuivre parfaitement ciselé, doré, avec Mouvement du nom de *Guillot*, à Paris.

FIN.

DISTRIBUTION
DES VACATIONS,

Avec les Numéros dans l'ordre où ils seront vendus.

PREMIÈRE VACATION.

Le Lundi 16 Janvier 1809.

141, — 142, — 143, — 144, — 137, — 131,
— 134, — 133, — 71, — 72, — 82, — 16, —
27, — 5, — 28, — 4, — 19, — 3, — 67, —
56, — 2, — 36, — 37, — 33, — 17, — 18, —
34, — 48, — 47, — 123, — 132, — 50, —
120, — 59, — 100, — 31, — 85, — 29, — 83,
— 78, — 106, — 32, — 129, — 113, — 103,
— 14, — 102, — 54, — 111, — 1.

DEUXIÈME VACATION.

Le Mardi 17 Janvier 1809.

145, — 146, — 147, — 138, — 139, — 140,
— 10, — 91, — 65, — 49, — 53, — 74, — 101,
— 11, — 128, — 46, — 94, — 51, — 80, — 63,
— 62, — 24, — 22, — 12, — 70, — 45, — 93,

— 25, — 87, — 130, — 7, — 8, — 96, — 81,
— 9, — 97, — 92, — 35, — 15, — 88, — 104,
— 125, — 39, — 30, — 58, — 108, — 127,
— 99, — 124.

TROISIÈME VACATION.

Le Mercredi 18 Janvier 1809.

149, — 150, — 122, — 79, — 77, — 38,
— 60, — 114, — 40, — 136, — 135, — 26,
— 126, — 23, — 42, — 61, — 6, — 90, — 89,
— 75, — 107, — 86, — 109, — 151, — 105,
— 116, — 115, — 20, — 21, — 73, — 55, —
57, — 119, — 52, — 117, — 110, — 121, —
98, — 112, — 43, — 84, — 68, — 69, — 4,
— 118, — 76, — 95, — 41, — 66, — 13.